Un Amigo como ZEEK

Escrito por Serena Arvayo

Ilustrado por Bijan Samaddar

Un amigo como Zeek

Copyright © 2022 por Serena Arvayo

Reservados todos los derechos. Ninguna parte de esta publicación puede ser reproducida, almacenado en un sistema de recuperación, o transmitido en cualquier forma o por cualquier medio, ya sea electrónico, mecánico, de fotocopia, de grabación o de lo contrario sin el permiso previo por escrito del autor.

Ilustrado por Bijan Samaddar

www.aFriendlikeZeek.com

Contacto: Info@afriendlikezeek.com

Para: Zeek

Con amor siempre,

Mamá

Este libro pertenece a:

_____

Es un día soleado de Marzo y Zoey quiere visitar su parque favorito. Zoey es una niña muy curiosa, graciosa y extrovertida que tiene muchos amigos en el colegio.

Hoy Zoey hará un amigo muy especial, diferente a todos sus otros amigos. Se llama Zeek, y nunca olvidará el día en que se conocieron.

"¡Quiero este columpio!" Zoey grita mientras corre tan rápido como puede hacia el último columpio disponible. Zoey se fija en el niño mayor que está a su lado, en un columpio mucho más grande. Zoey no es demasiado tímida para hacer preguntas, aunque no conozca al chico de al lado.

"¡Hola! ¡Soy Zoey! ¿Quieres jugar conmigo?", le pregunta alegremente a Zeek. Él la mira fijamente con una gran sonrisa y agita las manos, emitiendo gruñidos. "¡AHHHH!"

AHHHH...

Zoey se da cuenta de que Zeek tiene un iPad con iconos de imágenes en una mano y un calcetín en la otra.

"¿Hola? ¿Quieres jugar conmigo? ¿Por qué tienes un calcetín en la mano? ¿Por qué trajiste tu iPad al parque? ¿Cuántos años tienes?", pregunta Zoey.

Zeek sigue sonriendo a Zoey y empieza a reírse nerviosamente, se tapa las dos orejas con las manos. "Se llama Zeek", dice la madre de Zeek.

"¿Por qué no me habla?", pregunta Zoey, frunciendo el ceño.

"Zeek te está sonriendo. Quiere jugar y quiere hablar contigo, pero a su manera. Zeek tiene autismo. No es muy conversador. Utiliza su iPad para ayudarse a comunicarse sin hablar con palabras como tú y yo. Esto se llama dispositivo AAC".

HELLO

"¿Au-tiz-mu?" pregunta Zoey, con cara de confusión. "¡No sé nada de eso!" La madre de Zeek sonríe. "Es bueno hacer preguntas. Cuanto más aprendas sobre los niños que son diferentes, mejor podrás entenderlos y tener un amigo como Zeek".

Zoey sonríe y se acerca a Zeek. "Entonces... ¿por qué tiene un calcetín? ¿Puedo ver cómo habla?"

La madre de Zeek deja de empujarlo. Empieza a gruñir y a emitir sonidos fuertes que Zoey nunca había oído. Zeek se enfada. Agita su calcetín y juega con él ansiosamente. "Verás, Zeek no puede decir que quiere que lo siga empujando, así que se frustra fácilmente. ¿No te sentirías frustrada si no pudieras decir cómo te sientes cuando estás triste o disgustada?"

Zoey mira a Zeek con cara de preocupación. "¡Sí, me sentiría frustrada todo el tiempo!" exclama Zoey. "Zeek agita su calcetín para ayudarlo a sentirse tranquilo. Se llama "stimming" o autoestimulación. Le ayuda a sentirse mejor cuando está frustrado".

PEOPLE
QUESTION
TALK
TIME
SOCIAL
DESCRIBE
A-
AND
ABC
123
MY
ME
TO
GO
FOR
IN
IT
CAN
COME
OF
ON
YOU
DO
BE-
EAT
OUT
WITH
YOUR
IS
WANT

Zeek junta las manos y hace señas de "más".

"¿Qué significa eso? ¿Qué hace con las manos?", pregunta Zoey.

"Eso es lenguaje de señas. Zeek acaba de hacer la seña de 'más', lo que significa que quiere que lo siga empujando en el columpio". Muchas personas utilizan el lenguaje de señas en lugar de palabras para comunicarse. Tú también puedes aprenderlo".

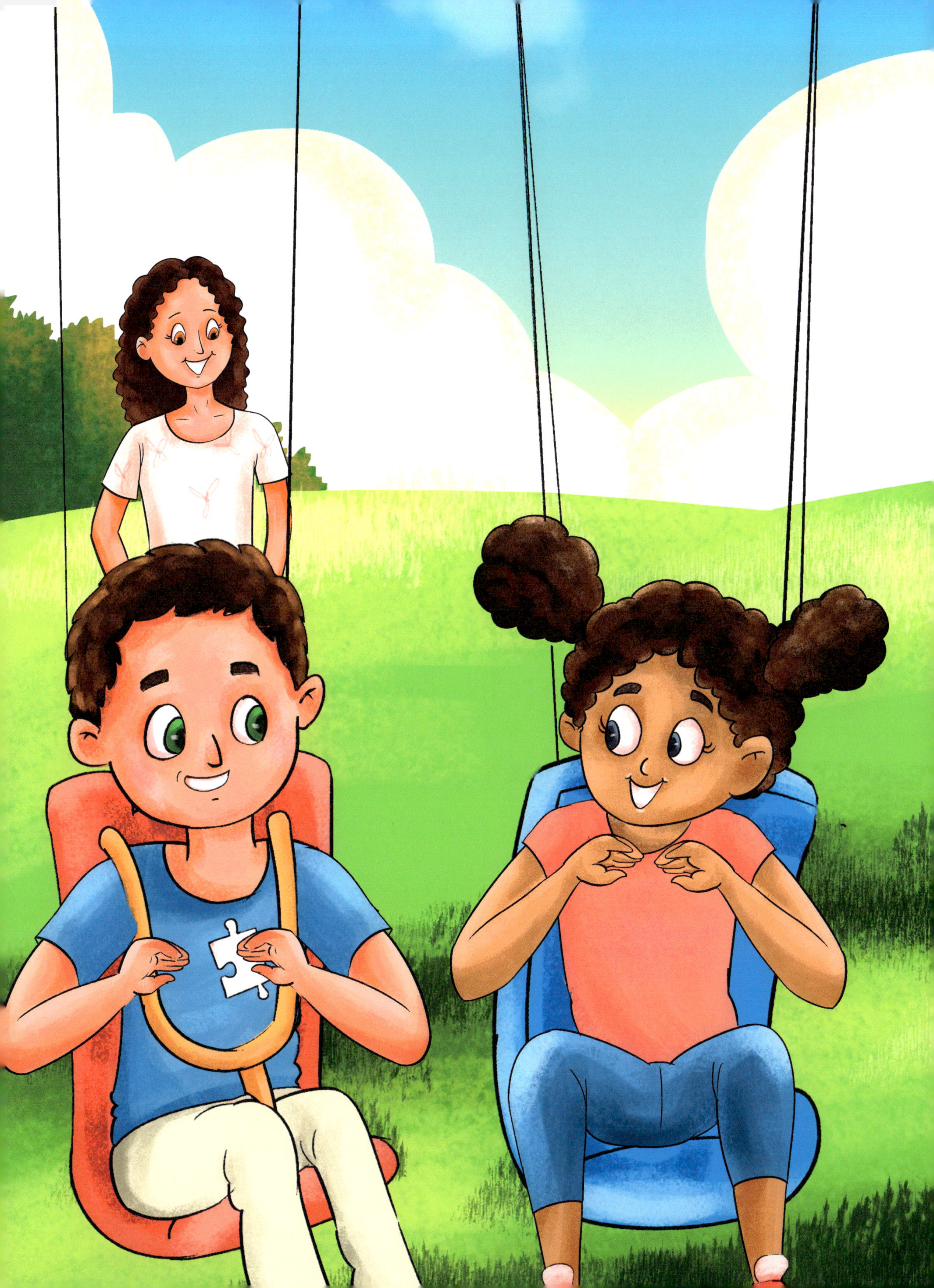

Zeek se baja de repente del columpio y toma la mano de Zoey. La guía hacia el patio de recreo. "¿Qué quiere?", pregunta Zoey.

"¡Quiere jugar contigo y quiere enseñarte dónde quiere ir!", dice su mamá.

Zeek lleva a Zoey al tobogán para verla bajar. "¡Oh, está bien, Zeek! ¡Vamos a bajar el tobogán juntos!" dice Zoey.

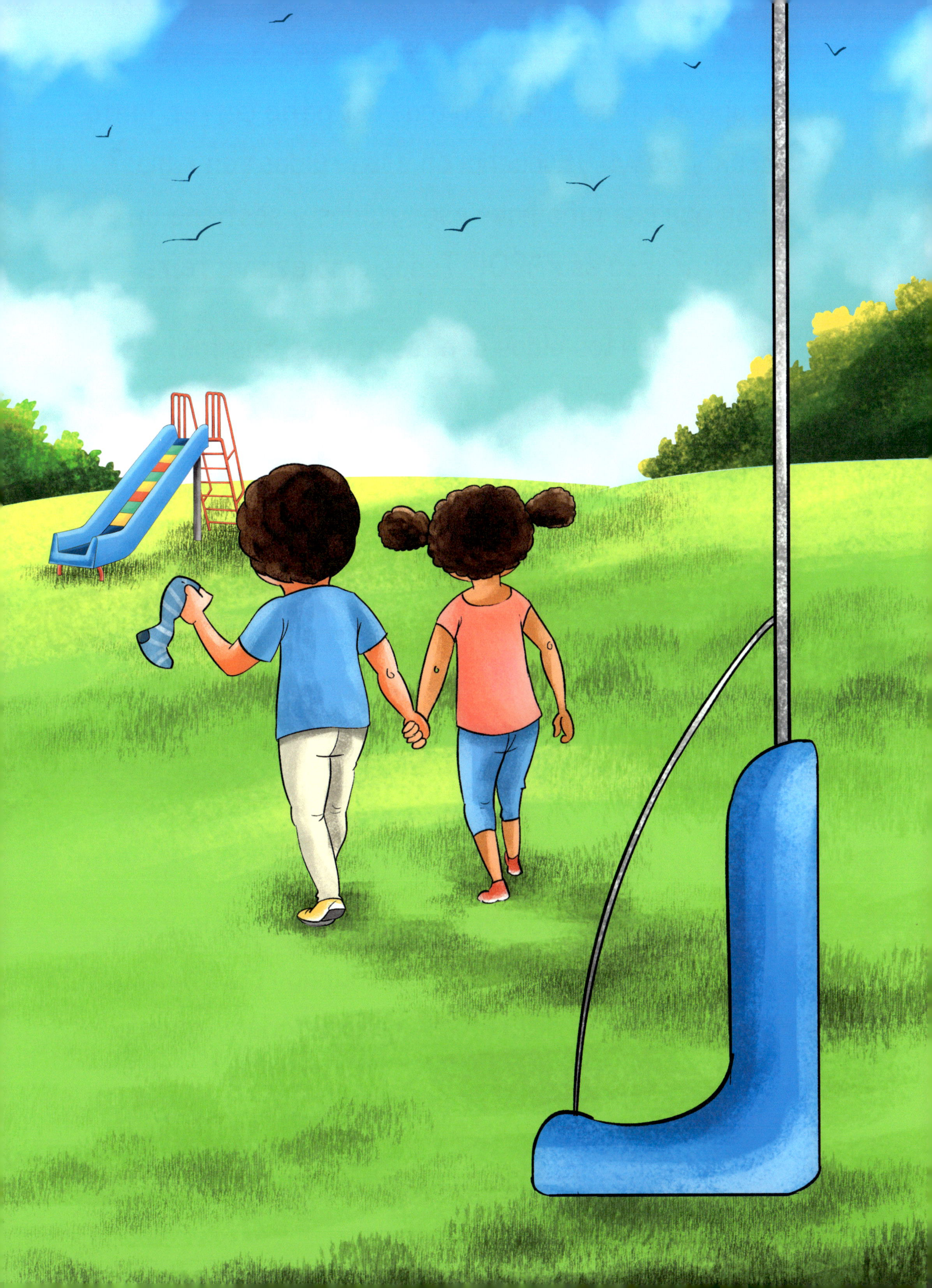

Un grupo de chicos del otro lado del patio corren junto a Zeek y Zoey. "¿Escucharon esos ruidos tan raros? ¿Por qué ese niño hace esos ruidos y sostiene un calcetín? ¡Eso es RARO!" Todos empiezan a reírse.

Zeek se tapa los oídos con las manos. Sus fuertes voces le incomodan. Ahora que Zoey ha aprendido tanto sobre Zeek, esto le molesta.

Zoey se acerca al grupo de chicos. "¡Oigan! ¡Escuchen! ¡Ese chico tiene un nombre y es Zeek! Es diferente y eso está bien, tiene autismo. Hace esos sonidos porque tiene una forma diferente de hablar. Sigue teniendo sentimientos y es mi amigo. No sean malos". El grupo de chicos se calla y se avergüenza.

Los ojos de la madre de Zeek se llenan de lágrimas de alegría y orgullo. "Gracias por defender a Zeek, Zoey", dice. "Es importante que todo el mundo respete a las personas que son diferentes a ellos. Todo el mundo tiene sentimientos y merece ser tratado con cuidado y amabilidad. Zeek puede entender y sus sentimientos son importantes".

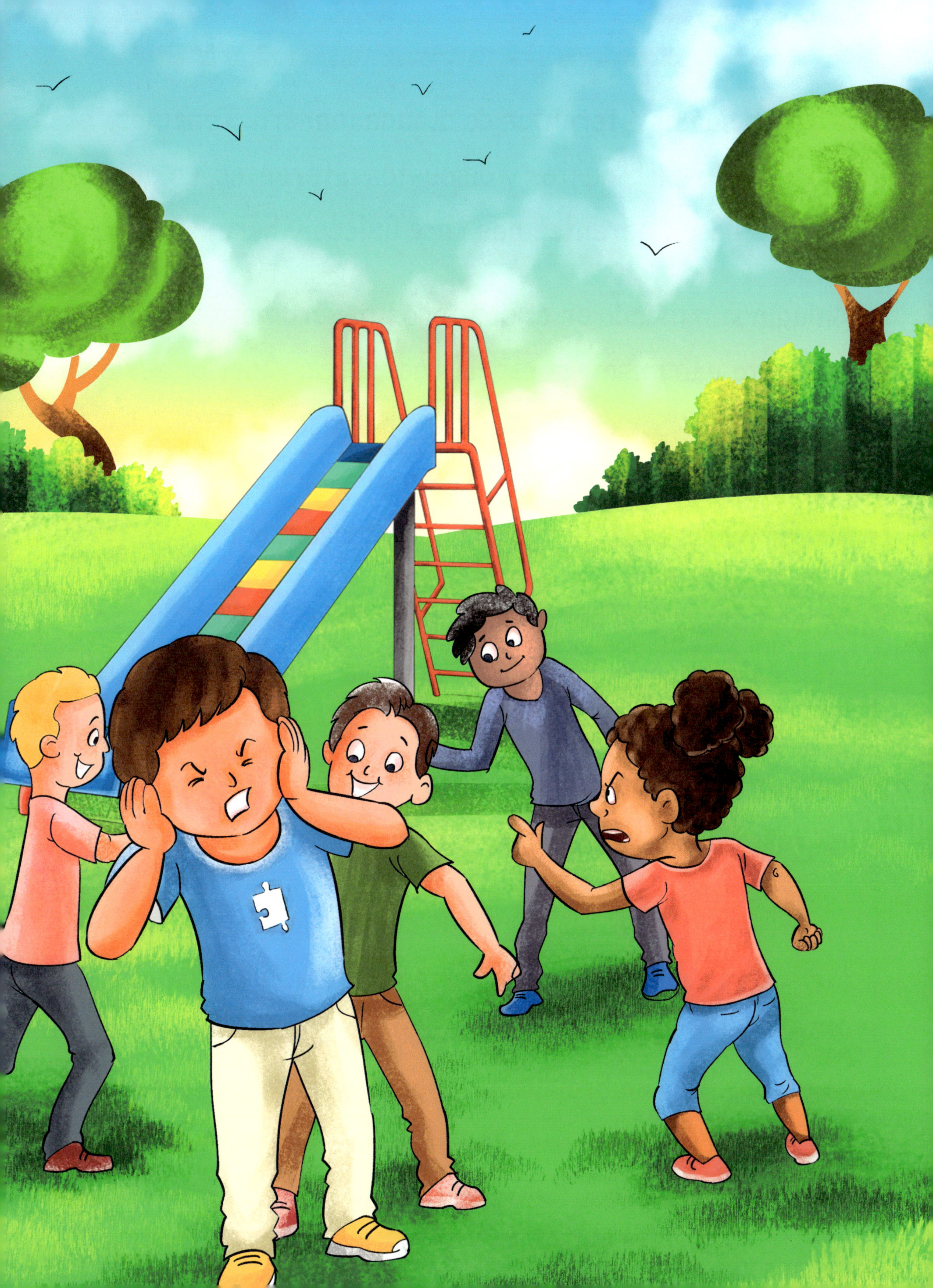

Todos somos diferentes de alguna manera. Tenemos ojos, pelo, piel, gustos y disgustos diferentes. Lo que nos hace diferentes nos hace únicos y hermosos.

Imagina un mundo en el que todos tuviéramos el mismo aspecto y la misma personalidad. ¿Cuán aburrido sería ese mundo? Ser diferente y tener autismo, o cualquier otro tipo de discapacidad, no significa que esa persona no merezca el mismo amor y bondad que tú y yo.

Imagínate que tu hermano o hermana pequeña tuvieran autismo como Zeek. Querrías que se sintieran amados y protegidos, ¿verdad? ¿Y tu mejor amigo? Quieres dar amor y proteger a tus amigos, y te entristecería que alguien fuese malo con ellos o les dijera palabras feas.

Trata a todas las personas con autismo y otras discapacidades como a tu hermano, hermana o amigo. Sé amable con ellos, pregúntales si puedes ayudarlos, enfréntate a un bravucón por ellos o intenta aprender más si no lo entiendes. Todos estamos en este mundo para amar y ser amables con los demás.

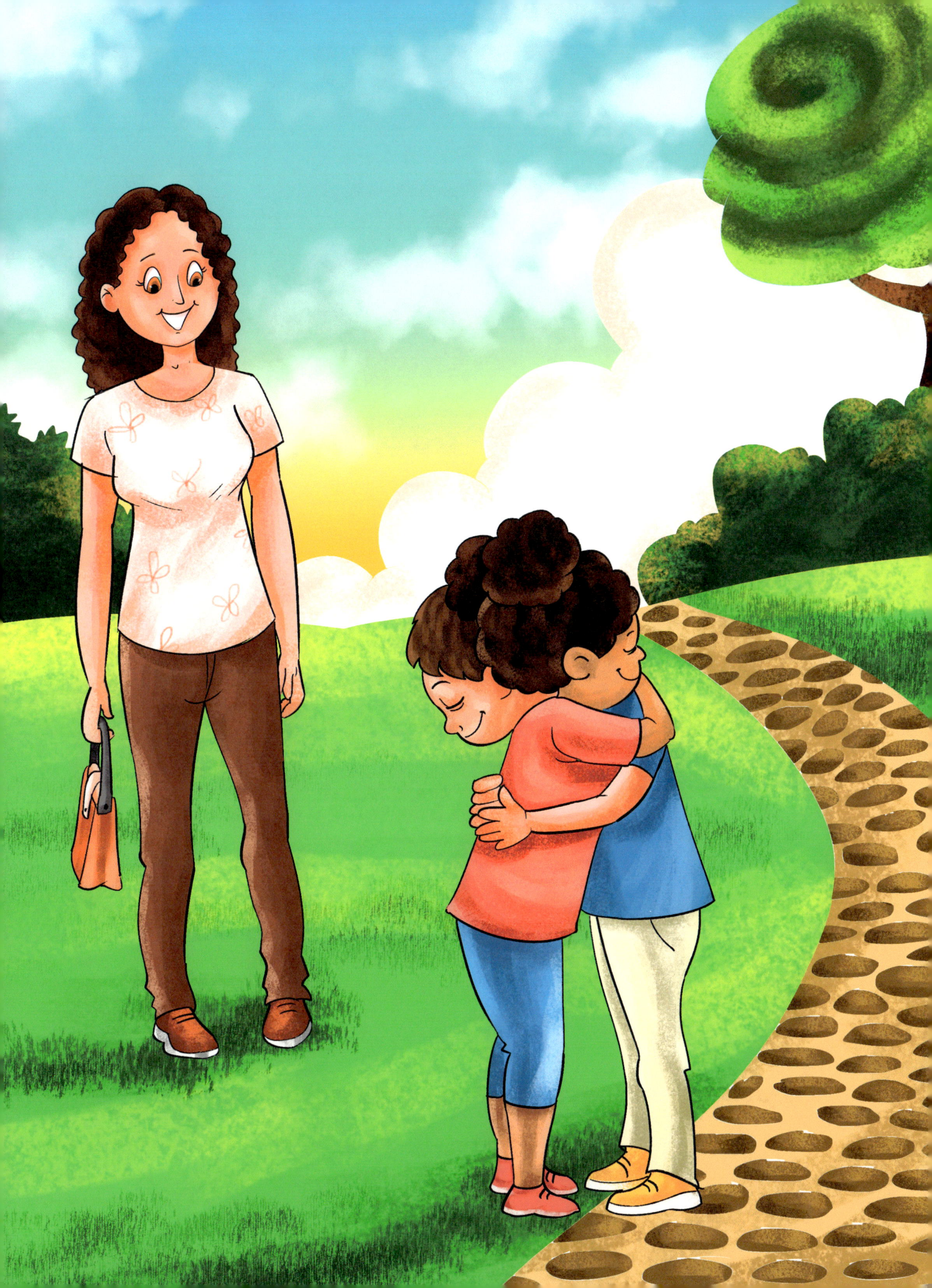

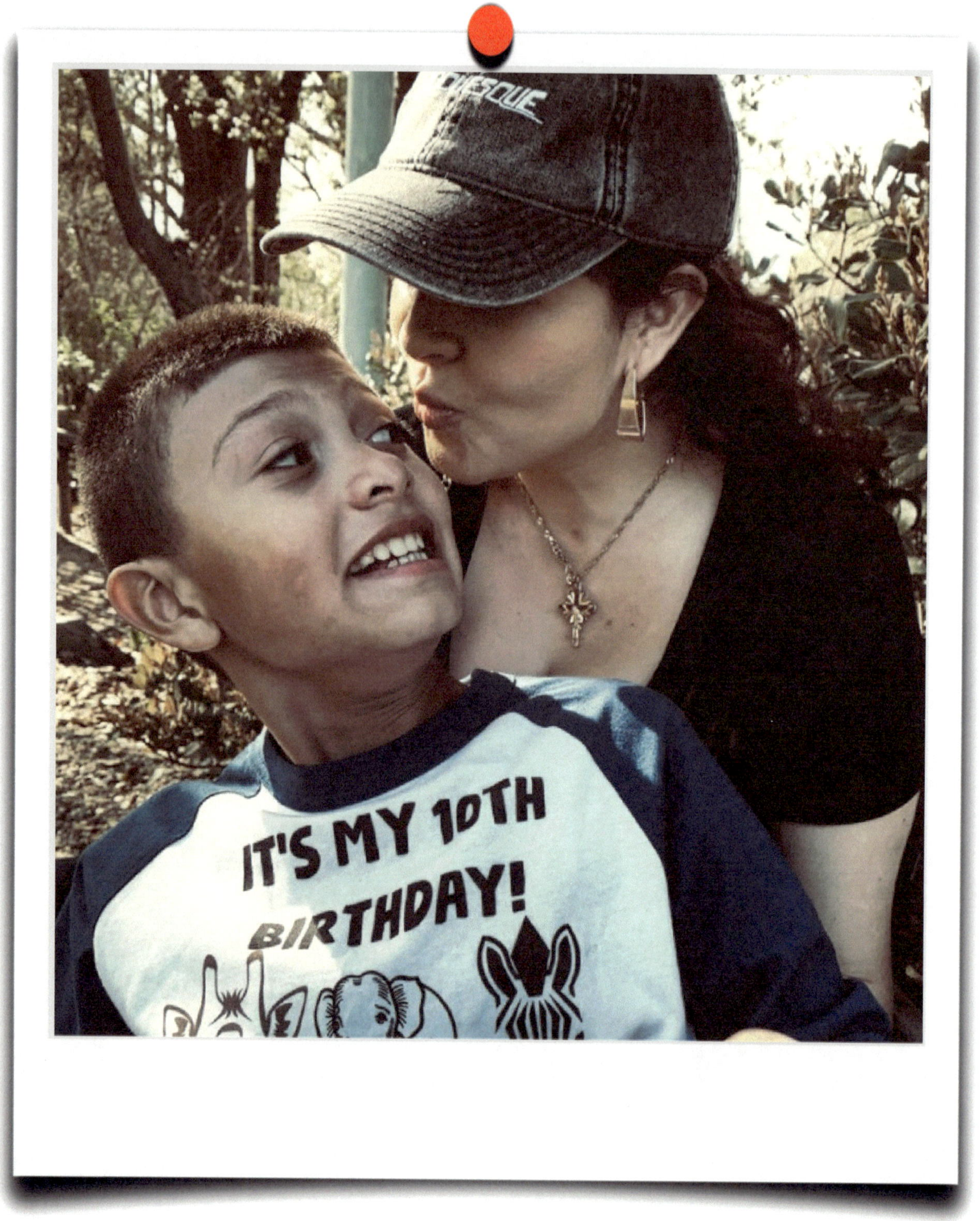
IT'S MY 10TH BIRTHDAY!

Página De Dedicatoria

¡Gracias por leer! Por favor, comparte este libro con todos tus amigos y familiares. Este libro está dedicado a mi hijo Ezequiel y a todos sus amigos y familiares que viven con autismo: Ryker, Danny, Aubrey, Jaiden, Santiago, Alejandro, Mia, Analisa, Sami, y todos aquellos que viven con autismo y otras discapacidades alrededor del mundo.

A Zeek,

este viaje que navegamos juntos ha sido una montaña rusa y una hermosa lucha los últimos 10 años. Gracias por enseñarme la verdadera fuerza. Siempre abogaré por que se te vea, se te comprenda y se te acepte. Espero que este libro concientice y anime a la gente a aprender más, a ser más amable y a enseñar a sus hijos sobre el autismo y sobre todos los demás que son como tú.

conoce a la autora:

Me llamo Serena Arvayo y soy la madre de Zeek. He aprendido mucho en los últimos 10 años con Zeek, y me inspiré para escribir este libro para educar a los niños y a la gente sobre la comunicación no verbal y el autismo moderado a severo. Zeek fue diagnosticado a los 2 años y yo era una madre muy joven en ese momento, tratando de equilibrar la vida con Zeek y el comienzo de mi carrera en el área de la salud. Siempre sentí en mi corazón que quería hacer más para inspirar, ser positiva y hacer algo importante como madre de un niño con autismo. Me inspiró un día que fuimos al parque y una niña pequeña me hizo muchas preguntas sobre Zeek. Me conmovió su genuina curiosidad por querer conocerlo.

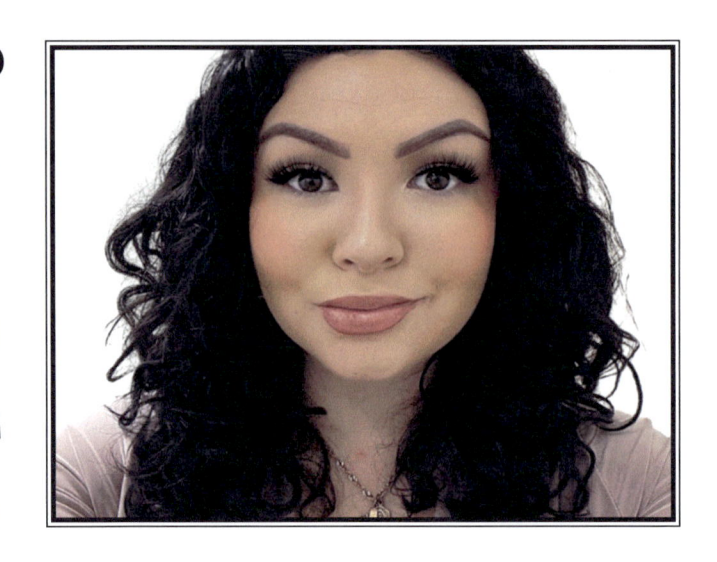

Ir al parque y a los lugares públicos puede provocar a veces una gran ansiedad tanto para mí como para Zeek. A veces, estar rodeado de mucha gente y que te miren fijamente hace que el día a día sea incómodo. Estas situaciones me inspiraron para escribir un libro infantil como forma divertida de educar a los niños sobre el autismo. Mi sueño para Zeek y todos los que viven con autismo y otras discapacidades es un mundo más inclusivo. Un mundo en el que se ofrezcan más sonrisas que miradas y en el que se eduque a más niños y personas sobre el espectro del autismo.

Hemos sido bendecidos con una familia y amigos que nos apoyan incondicionalmente, gracias a todos.

Apoyar necesidades especiales 🩵 pequeños negocios

Nuestros amigos:

'Jai at Play': Jaiden y Shekira

Madre y Hijo Dúo ambos diagnosticados Autismo- inicio negocio para levantar positivo Representación,

jai-at-play.myshopify.com :
@Jai_at_play

Amorcita:

Marca de ropa propiedad de la madre con necesidades especiales de una hermosa niña con síndrome de Down (nombre es Amorcita).

Ropa muy bonito para padres/familia y más: www.amorcitaclothing.com

Sensor E Play- Juguetes de juego sensorial @sensoreplay

El Fin

Made in the USA
Columbia, SC
25 October 2024